AF358423

VENTE

Du Vendredi 26 Mai 1893

A DEUX HEURES UN QUART

HOTEL DROUOT — SALLE N° 11

Collection de M. A. M...

BOIS DE SIÈGES

ET

SIÈGES GARNIS

DES ÉPOQUES

LOUIS XIV, RÉGENCE, LOUIS XV ET LOUIS XVI
Ier EMPIRE ET CHARLES X

SIGNÉS DE

Cresson, Brizard, Delanois, Jacob, Lelarge, Demay, Sène
Nadallaine, Pluvenet, Boulard, Malot

DEUX COLONNES MONUMENTALES, CHAISE A PORTEURS

EXPOSITION PUBLIQUE

Le Jeudi 25 Mai 1893, de 2 heures à 6 heures

Me G. DUCHESNE	M. A. BLOCHE
COMMISSAIRE-PRISEUR	EXPERT PRÈS LA COUR D'APPEL
Rue de Hanovre, 6	Rue de Châteaudun, 25

PARIS — 1893

IMPRIMERIE MAULDE et RENOU

———

A. MAULDE & Cie

IMPRIMEURS DE LA COMPAGNIE DES COMMISSAIRES-PRISEURS

Rue de Rivoli, 144

CONDITIONS DE LA VENTE

—

Elle sera faite au comptant.

Les Acquéreurs paieront, en sus des adjudica-tions, CINQ CENTIMES PAR FRANC applicables aux frais.

Aucune réclamation ne sera admise une fois l'adjudication prononcée.

A. MAULDE et Cⁱᵉ, imprimeurs de la Cⁱᵉ des Commissaires-Priseurs, rue de Rivoli, 144.   3oo—33660

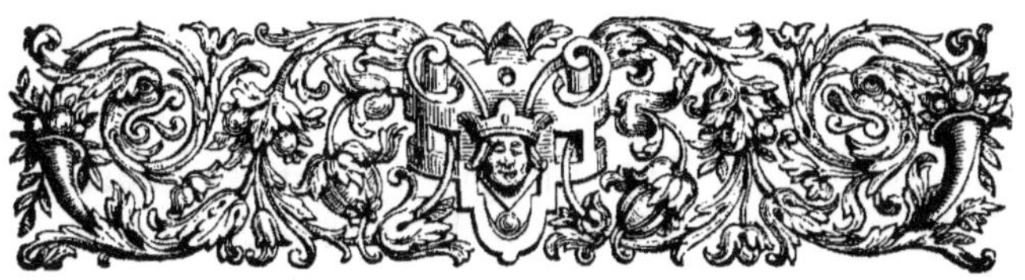

DÉSIGNATION

BOIS SCULPTÉS, SIÈGES, CHAISE A PORTEURS

1 -- Deux grandes et belles Colonnes en bois sculpté, cannelées avec chutes d'asperges, chapitaux et guirlandes rehaussées d'or. Époque Louis XVI.

2 — Belle Chaise à porteurs en bois sculpté et doré à sujets champêtres encadrés de fleurs. Intérieur garni de velours rouge. Époque Louis XV.

3 — Baignoire avec cage en bois sculpté et canné. Époque Louis XIV formant chaise longue.

4 — Chaise en bois d'acajou à dossier forme lyre, pieds cannelés. Signé : Jacob. Époque Louis XVI.

5 — Fauteuil en bois sculpté, dessin rais de cœur, bras à contours avec chute de piécettes enfilées, colonnes détachées, pieds cannelés. Signé : PLUVENET. Époque Louis XVI.

6 — Fauteuil à dossier carré en bois sculpté à cannelure. Signé : JACOB. Époque Louis XVI.

7 — Chaise à haut dossier en noyer sculpté, dessin à coquilles et gerbes fleuries, pieds à contours, sabots de biche reliés par un croisillon avec rosace, foncée de canne. Époque Louis XIV.

8 — Chaise à haut dossier en noyer sculpté, pieds à contours reliés par un croisillon. Époque Louis XIV.

9 — Fauteuil en bois sculpté forme à contours, orné de bouquets de fleurs, foncé de canne. Époque Louis XV.

10 — Fauteuil en bois sculpté, dessin à rubans, dossier dit *à anses de panier*, pieds cannelés. Époque Louis XVI. Signé : DELANOIS.

11 — Fauteuil en bois sculpté forme *dite à chapeau*, dessin à moulures et cannelures. Époque Louis XVI.

12 — Bergère en bois sculpté, dessin à entrelacs et rubans, pieds cannelés, dossier dit à *anses de panier*. Signé : JACOB. Époque Louis XVI.

13 — Grande Chaise chauffeuse en bois riche-
ment sculpté, dessin à coquilles, fleurettes
et enroulements. Modèle de CRESSON Époque
Louis XIV.

14 — Fauteuil en bois sculpté, dossier forme dite
à chapeau, avec godrons, bordure à rais de
cœur, siège à éventail, pieds à spirales. Signé :
J.-B.-B. DEMAY. Époque Louis XVI.

15 — Chaise basse chauffeuse en frêne sculpté.,
dossier forme lyre à bordure perlée, pieds cannelés, traverse à balustres. Époque Louis XVI.

16 — Fauteuil en bois sculpté et doré, pieds cannelés et feuillagés, consoles d'accotoirs à
piécettes enfilées. Signé : G. JACOB. Époque
Louis XVI.

17 — Fauteuil en bois sculpté, dossier renversé
et ornementé, pieds cannelés. Époque du Con-
sulat.

18 — Fauteuil de clavecin en noyer sculpté, siège
tournant. Époque Louis XVI.

19 — Grande Bergère en bois finement sculpté,
dessin à coquilles et feuillages, foncée de
canne. Modèle de CRESSON. Époque Louis XIV.

20 — Chaise en bois d'acajou, pieds cannelés.
Signé : H. JACOB. Époque Directoire.

21 — Fauteuil de bureau, forme à contours, en noyer sculpté, dessin à fleurs et moulures élégantes, foncé de canne. Époque Louis XV.

22 — Grand Fauteuil en noyer sculpté, riche dessin à coquilles et enroulements, foncé de canne. Signé: L. Cresson. Époque Louis XIV. Accompagné d'un coussin en damas rouge.

23 — Fauteuil à dossier rectangulaire en noyer sculpté, bois tors avec montants à cariatides de femmes en costume du temps, couvert en ancien velours de Gênes. Époque Louis XIII.

24 — Fauteuil en bois sculpté, dossier à médaillon orné de nœuds de rubans et de feuilles d'acanthe. Époque Louis XVI.

25 — Fauteuil en bois sculpté, dessin à rubans et feuilles d'acanthe. Signé : G. Jacob. Époque Louis XVI.

26 — Fauteuil en noyer sculpté, forme à contours élégants, consoles à rocailles. Époque Louis XV.

27 — Fauteuil à dossier carré, encadrement à feuilles d'acanthe et bordure perlée, bandeaux à canaux et rais de cœur, consoles à pieds cannelés avec chutes d'asperges. Époque Louis XVI.

28 — Petit Fauteuil en bois sculpté, orné de

nœuds de rubans, consoles rocaille. Époque
Louis XV.

29 — Fauteuil en bois sculpté, pieds à spirales.
Époque Louis XVI. Modèle de Jacob.

30 — Fauteuil avec dossier à médaillon, consoles
et pieds cannelés. Signé : G. Jacob. Époque
Louis XVI.

31 — Deux Fauteuils en bois sculpté, dossier
forme lyre, colonnettes et pieds cannelés.
Époque Louis XVI.

32 — Bergère en bois sculpté et doré, dessin
feuilles de chou et bouquets de fleurs. Époque
Louis XV.

33 — Fauteuil à moulures fines, pieds cannelés.
Signé : P. Brizard. Époque Louis XVI.

34 — Petit Fauteuil coin-de-feu en noyer sculpté,
colonnettes et pieds cannelés, bordure perlée,
dossier flanqué de deux grenades. Époque
Louis XVI.

35 — Fauteuil en noyer, dossier dit *à chapeau*.
Époque Louis XVI.

36 — Fauteuil coin-de-feu en bois sculpté, moulure fine, encadrement à rais de cœur, console
perlée. Signé : P. Brizard. Époque Louis XVI.

37 — Fauteuil en noyer sculpté dit *Cabriolet*, forme à contours, dessin à fleurs. Époque Louis XV.

38 — Fauteuil en bois sculpté, dessin : rais de cœur, pieds cannelés. Époque Directoire.

39 — Bergère en bois laqué, forme à contours. Époque Louis XVI. Signé : BOULARD.

40 — Fauteuil en noyer sculpté, dessin à coquilles, consoles à contours, couvert en velours de soie. Époque Louis XIV.

41 — Fauteuil dit *Dagobert* en bois sculpté avec coussin en velours de soie rouge.

42 — Tabouret formant bidet en bois de violette, cuvette de Rouen à décor polychrome. Époque Louis XV.

43 — Quatre Chaises bois doré et sculpté, dessin à rubans, laurier et perlés. Signé : G. JACOB. Époque XVI.

44 — Fauteuil de bureau en noyer sculpté, forme anglaise. Époque Louis XVI.

45 — Petite Chaise à poupée en noyer. Époque Charles X.

46 — Petit Fauteuil d'enfant en noyer, forme dite
Normand, dossier à fuseaux et siège paillé.

47 — Deux Chaises en bois sculpté et doré, dossier à médaillons, dessin à piécettes enfilées et
rubans, couvertes en dauphine rayée et brochée. Époque Louis XVI.

48 — Fauteuil coin-de-feu en bois sculpté, dossier dit *à chapeau.* Signé : Brizard. Époque
Louis XVI.

49 — Fauteuil coin-de-feu à dossier carré, fine
moulure. Signé : G.-B. Lelarge. Époque
Louis XVI.

50 — Petit Fauteuil chauffeuse en noyer, console
à contours, dossier à médaillon. Signé : Malot.
Époque Louis XVI.

51 — Deux Bergères en bois sculpté laqué noir et
rehaussé d'or, dessin perlé et rais de cœur.
Époque Louis XVI.

52 — Fauteuil surbaissé à pieds cannelés. Époque
Louis XVI.

53 — Chaise forme dite *à raquette,* pieds cannelés.
Signé : J.-B. Sène. Époque Louis XVI.

54 — Grande Bergère à contours élégants, en bois

sculpté, dessin à fleurs et feuillages, couverte en velours rouge. Signée : BRIZARD. Époque Louis XV.

55 — Deux Chaises en bois sculpté, dessin à coquilles et feuillages foncées de canne. Époque Louis XIV.

56 — Fauteuil de poupée. Époque Louis XIII.

57 — Chaise en bois sculpté et doré, dossier forme lyre, couverte en velours bleu. Époque Louis XVI.

58 — Deux Chaises même style, couvertes en dauphine brochée et rayée.

59 — Petit Fauteuil d'enfant en bois sculpté, rechampi de gris, foncé de canne. Style Louis XIV.

60 — Petit Fauteuil d'enfant en bois d'acajou orné de bronzes dorés, couvert de soie verte épinglée et brochée. Époque Ier Empire.

61 — Chaise à dossier forme lyre. Signée : JACOB. Époque Louis XVI.

62 — Bergère en bois rechampi de gris. Époque Louis XV.

63 — Bergère à oreillons en noyer, couverte en

tapisserie au point, décor à fruits, fleurs et feuillages. Époque Louis XV.

64 — Fauteuil rustique ancien et paillé. Époque Louis XIII.

65 — Quatre Fauteuils à contours, dessin à fleurs et chutes de feuillages, foncés de canne. Époque Louis XV.

66 — Fauteuil en noyer finement sculpté, dessin à coquilles et ornements avec oreilles, foncé de canne. Époque Louis XIV.

67 — Fauteuil de bureau en noyer sculpté, dessin à guirlandes de fleurs et de feuillages, foncé de canne. Style Louis XV.

68 — Chaise style Henri II en noyer sculpté, couverte de velours rayé rouge uni, avec franges anciennes.

69 — Tabouret avec bandeau à lambrequins, pieds à spirales. Époque Louis XVI.

70 — Fauteuil à dossier carré. Signé : JACOB. Époque Louis XVI.

71 — Chaise en bois sculpté, dessin à coquilles et feuillages, foncée de canne. Époque Louis XIV.

72 — Chaise en bois sculpté, foncée de canne. Époque Louis XIV.

73 — Canapé en bois rechampi de gris, dossier à colonnettes cannelées. Époque Louis XVI.

74 — Chaise de bébé. Époque Charles X.

75 — Grand Canapé à gondoles en bois sculpté, dessin à rubans. Époque Louis XVI.

76 — Grand Canapé, dossier à contours avec tapisserie au point. Époque Louis XV.

77 — Fauteuil en bois sculpté à fleurs et feuillages. Époque Louis XV.

78 — Fauteuil dit *Cabriolet*. Époque Louis XV. Laqué blanc et or.

79 — Grande Chaise en bois sculpté. Époque Louis XIV.

80 — Fauteuil en noyer sculpté, décor à rocailles et feuillages. Époque Régence.

81 — Deux Fauteuils bois sculpté, dossiers à contours. Époque Louis XV.

82 — Fauteuil en bois sculpté canné. Époque Régence.

83 — Fauteuil bois sculpté foncé de canne. Époque Louis XV.

84 — Fauteuil en bois laqué blanc, forme basse. Époque Louis XV.

85 — Bergère en bois laqué blanc. Époque Louis XVI. Signé : J. Nadallaine.

86 — Fauteuil Prie-Dieu à bascule. Époque Louis XIII.

87 — Fauteuil de même style, couvert en étoffe. Louis XIII.

88 — Chaise percée en bois sculpté. Époque Louis XV.

89 — Fauteuil percé en bois sculpté. Louis XIV.

90 — Six Chaises à dossiers cintrés, foncées de canne. Époque Louis XVI.

91 — Fauteuil paillé. Époque Louis XIII.

92 — Bergère en bois peint couvert de damas de laine rouge. Époque Louis XVI.

93 — Deux Fauteuils bois sculpté et doré couverts en soierie brochée et rayée. Époque Louis XV.

94 — Tabouret rectangulaire en bois sculpté et doré, couvert en soie rayée. Style Louis XVI.

95 — Marquise à gondoles, en bois sculpté et doré,
couverte en satin rayé et broché, Louis XVI.

96 — Fauteuil forme dite Éperon en bois sculpté
et doré, riche dessin à guirlandes de fleurs et
feuillages. Style Louis XV. Couvert en soie
bleue brochée ancienne avec coussin.

97 — Canapé en bois sculpté et doré, bras à
crosses, dossier à rubans et couronne de laurier, couvert en soie crème brochée à fleurs et
festons Louis XVI.

98 — Petit Saut-du-Lit, meuble miniature en bois
finement sculpté et doré, couvert en lampas et
avec coussin bleu pâle. Style Louis XVI.

99 — Petit Saut-du-Lit, meuble miniature en bois
sculpté et doré, style Louis XIV, couvert et
avec coussin en soie ancienne brochée rose.

100 — Meubles omis.